법륜·둘

구도의 마음, 자유

까알라아마 경

- 부처님께서 자유로운 탐구를 권하신 현장 -

소마 스님 지음 | 현음 스님 옮김

고요한소리

KĀLĀMA SUTTA

THE BUDDHA'S CHARTER OF FREE INQUIRY

Soma Thera

The Wheel Publication No.8
Buddhist Publication Society
Kandy, Sri Lanka

일러두기

* 이 책에 나오는 경經의 출전은 영국 빠알리성전협회PTS에서 간행한 로마자 본 빠알리 경임.
* 로마자 빠알리어와 영문 책 제목은 이탤릭체로 표기함.
* 본문의 주는 모두 역주譯註임.
* 부록으로 영어 원문과 《까알라아마 경*Kālāma Sutta*》 PTS의 로마자 빠알리 원전을 실었음.

차 례

머리말 · 6

관련 있는 경전 말씀 · 10

구도의 마음, 자유 —— 12

부록 I 영어 원문 · 30

부록 II KĀLĀMA SUTTA · 50

저자 소개 · 63

머리말

부처님께서 까알라아마인들*Kālāmas*에게 주신 교훈인 까알라아마 경*Kālāma Sutta*[1]은 의문이 일어날 때는 자유롭게 탐구해보도록 권장하신 경으로 널리 알려져 있다. 이 경의 참뜻은 광신, 완고함, 독단, 편협함을 벗어난 가르침을 드러내 보이는 데 있다.

불법*Dhamma*이 깨달음으로 가는 모든 단계에서 신중히 검토해보는 자세를 환영하고 있다는 점에서 볼 때 부처님의 가르침은 매우 합리적임을 알 수 있다.

사실 지혜를 닦는 모든 수행 과정은 완전한 이, 아라한이 이룩한 청정함에 도달함으로써 완성되는데, 그 수행 과정은 내면적인 것들, 즉 눈과 눈에 보이는 대상, 귀

---

1 까알라아마 경: 《증지부》I권 188쪽(3법집 65경). 본서는 BPS Wheel Publication No.8로 출판된 소마 스님 영역본을 저본으로 옮겼으며 PTS본 빠알리 원전을 참조하였음. (본서 뒤에 함께 실은 영역본과 빠알리 원전의 번호 매김은 서로 다름)

와 소리, 코와 냄새, 혀와 맛, 몸과 감촉, 마음과 마음의 대상을 검토하고 분석하는 작업과 긴밀하게 관계를 맺고 있다.

모든 현상은 불법의 영역 속에서 바르게 이해되어야 하므로 통찰력은 처음부터 끝까지 중요한 구실을 한다. 이 경에서 통찰력은 나쁜 방법은 버리고 좋은 방법은 받아들이게 하는 역할을 담당한다. 다음에 나오는 인용구들에서 보면, 조건지어진 상태[2]와 아라한의 경지를 아는 기준으로 통찰력의 작용이 중요하다는 것이 명백해진다.

까알라아마 경과 다음 인용구에서 볼 수 있는 검토의 방법들은 "사물을 있는 그대로 아는 지식"[3]에서 나오는 것이다. 그런데 이러한 방법들이 기본으로 삼는 정신 자세는 이치에 맞는 사고라면 으레 갖추고 있는 속성인 것이다. 더구나 지혜는 그와 같은 사고의 결과인 통찰력과 이해력이 있어야 하므로 비판적인 검토와 분석이 바른

---

2 조건지어진 상태: 무명無明에서 비롯된 갈애渴愛에 얽매여 끝없이 고통받는 상태, 곧 중생 삶.

3 사물을 있는 그대로 아는 지식: 존재를 왜곡시켜 보지 않고 참모습대로 파악하는 앎如實知.

안목을 계발하는 과정에서 차지하는 위치는 명백하다. 비판적인 사고를 통해 점검되거나 영향 받지 않은 채 갑작스레 나타날 수 있는 지혜나 안목이 어디 있겠는가?

진리를 찾는 구도자들이 따라야 할 원칙을 제시해주고 사물의 판단 기준을 담고 있는 까알라아마 경은 부처님 가르침의 뼈대 부분에 속한다. 또 이 경 속에 설해진 네 가지의 안식安息[4]은 일상적인 인식을 넘어선 문제들의 경우에 어떤 범위까지 판단을 보류할 수 있는가를 정해주고 있다. 또 이 안식들을 대하면 우리가 고결한 삶을 살아야 할 이유가 반드시 윤회나 인과응보를 믿어서가 아니라, 탐욕과 분노와 어리석음의 극복을 통해 얻어지는 정신적 행복 때문임을 알게 된다.

50여 년 전, 《동방현자들에의 순례》라는 책을 쓴 콘웨이 Moncure D. Conway가 콜롬보를 방문한 일이 있었다. 그는 당시 스리랑카 법무차관인 폰남발람 라마나탄Ponnambalam

---

4 안식安息: 呼吸, 出息, 安息 등의 의미를 지닌 *assāsa*의 역어. 본문에서는 탐·진·치를 여의어 청정한 마음을 지닌 사람이 갖추게 되는 흔들림 없는 안온함을 가리킨다. 영어로는 solace, comfort로 번역되고 있음.

Ramanatham의 친구로 두 사람은 함께 위됴다야 삐리웨나 Vidyodaya Pirivena 강원을 찾았다. 그 강원의 설립자인 힉까두웨 시리 수망갈라Hikkaduve Siri Sumangala 원장스님으로부터 부처님의 가르침을 듣기 위해서였다.

원장스님은 두 사람에게 까알라아마경에 담긴 이치를 설명해주셨다. 대화를 마치고 라마나탄은 콘웨이에게 이렇게 속삭였다.

"이상하지 않습니까? 지금도 인류 발전에 가장 중요한 원리로 작용하고 있는, 전통과 유행에 얽매이지 않는 저 자유로운 사고를, 종교와 태생이 완연히 다른 우리가 함께 부처님의 가르침에서 듣게 되다니 말입니다."

"그렇습니다. 그리고 까알라아마 사람들과 마찬가지로 우리도 그분의 가르침이 수승하다고 말할 수밖에 없군요."

콘웨이가 대답하였다.

관련 있는 경전 말씀

벗 사윗타여, 믿음을 떠나서, 좋아함을 떠나서, 거듭 들어서 얻어진 지식을 떠나서, 그럴싸한 추리를 떠나서, 곰곰이 궁리해낸 견해이기에 그것에 대해 갖게 되는 편견을 떠나서, 나는 이것을 알고 이것을 본다. '태어남에 의해서 늙음과 죽음이 있다.'고.

《상응부》〈인연 상응〉 대품 제8경

비구들이여, 여기에 한 비구가 눈으로 사물을 보고서 마음속에 탐욕·분노·어리석음이 있으면 '내 마음속에 탐욕·분노·어리석음이 있구나'라고 알고, 마음속에 탐욕·분노·어리석음이 없으면 '내 마음속에 탐욕·분노·어리석음이 없구나'라고 안다.

비구들이여, 이런 것들이 믿음을 통해, 좋아함을 통해, 거듭 들어서 얻어진 진리라 해서, 그럴싸한 추리를 통해, 곰곰이 궁리해낸 견해이기에 그것에 대해 갖게 되는 편견을 통해서, 경험되어야 할 것들이겠는가?

그렇지 않습니다. 존자시여!

[그렇다면 비구들이여, 이런 것들은 지혜로 보고 알아야 될 것들이 아니겠는가?
그렇습니다. 존자시여!][5]

비구들이여, 한 비구가 '나는 이제 더 이상 다른 몸을 받지 않고, 청정한 삶[梵行]을 이루었으며 해야 할 일을 마쳐서 또 다시 지금과 같은 상태는 없으리라는 것을 잘 안다.'라고 깨달음을 선포하는 것 역시 믿음을 통해, 좋아함을 통해, 거듭 들어서 얻어진 지식이라 해서, 그럴싸한 추리를 통해, 곰곰이 궁리해낸 견해이기에 그것에 대해 갖게 되는 편견 때문에 그렇게 해서는 안 되는 것이다.

《상응부》 〈육처 상응〉 신고*Navapurāṇa*품 제8경

5 《상응부》에는 [ ] 안에 든 대화가 포함된 반면, 소마 스님의 영역본에 수록된 인용구에는 이 부분이 빠져 있음.

구도의 마음, 자유

까알라아마 경

- 부처님께서 자유로운 탐구를 권하신 헌장 -

께사뿟따의 까알라아마인들, 부처님을 뵈러 가다

1. 이와 같이 나는 들었다. 어느 때 세존께서는 큰 비구 승단과 함께 꼬살라*Kosala*에서 유행遊行을 하시면서 까알라아마인들*Kālāmas*이 사는 께사뿟따*Kesaputta*라는 마을에 들르셨다. 께사뿟따의 까알라아마인들은 다음과 같은 소식을 들었다. '석가족의 아들 사문 고따마 존자가 께사뿟따에 이르셨다. 그리고 저 세존 고따마에 대한 좋은 명성이 이와 같이 퍼지고 있다. 그 분 세존께서는 바로 아라한[應供]이시며, 완전히 깨달은 분[正等覺者 또는 正編知]이시며, 지혜와 실천을 구족한 분[明行足]이시며, 피안으로 잘 가신 분[善逝]이시며, 세간을 잘 알고 계신 분[世間解]이시며, 가장 높은 분

[無上士]이시며, 사람을 잘 길들이는 분[調御丈夫]이시며, 하늘과 인간의 스승[天人師]이시며, 깨달은 분[覺者]이시며, 세존이시다. 세존께서는 이 세간의 모든 중생들, 즉 마아라*māras*, 범천, 축생, 사문, 바라문, 천신 및 인간에게 당신 스스로 직접 깨달아 분명히 파악한 것을 널리 알리고 계신다. 시작도 훌륭하고 중간도 훌륭하고 끝도 훌륭한, 의미와 표현을 구족하여 더할 나위 없이 완벽한 법을 설하신다. 청정하디 청정한 삶, 그 성스러운 삶을 드러내신다. 그러므로 그와 같은 아라한을 뵙는 것은 실로 훌륭한 일이다.'

2. 그래서 께사뿟따의 까알라아마인들은 세존께서 머물고 계신 곳으로 찾아갔다. 그곳에 도착하자 어떤 사람은 세존께 경의를 표하고 한쪽에 앉았고, 어떤 사람은 세존께 인사드리고 진심에서 우러난 깊이 새겨둘 말씀을 나누고 한쪽에 앉았고, 어떤 사람은 세존께 합장 공경을 하고서 한쪽에 앉았고, 어떤 사람은 자신의 이름과 가문을 밝히고서 한쪽에 앉았고, 어떤 사람은 조용히 한쪽에 앉았다.

께사뿟따의 까알라아마인들, 부처님께 가르침을 청하다

3. 한쪽에 앉은 께사뿟따의 까알라아마인들은 세존께 이렇게 여쭈었다.

"존자시여, 께사뿟따에는 사문과 바라문들이 찾아옵니다. 그들은 자신의 이론만을 드러내어 주장하고 다른 사람들의 이론에 대해서는 비난하고 헐뜯으며 멸시하고 갈가리 찢어 놓습니다. 존자시여, 또 다른 사문과 바라문들이 께사뿟따에 옵니다. 그들도 자신의 이론만을 드러내어 주장하고 다른 사람의 이론에 대해서는 비난하고 헐뜯으며 멸시하고 갈가리 찢어 놓습니다. 존자시여, 우리는 '이들 존경하는 사문과 바라문들 가운데 누가 진리를 말하고 누가 거짓을 말하는지' 의심하게 되고 혼란스러워집니다."

버림의 기준

4. "까알라아마인들이여, 그대들이 의심하고 혼란스러워하는 것은 당연하다. 의심스러운 것을 대하면 그대

들의 마음속에 혼란이 일어나기 마련이다. 그대 까알라아마인들이여, 거듭 들어서 얻어진 지식이라 해서, 전통이 그러하다고 해서, 소문에 그렇다고 해서, 성전에 쓰여 있다고 해서, 추측이 그렇다고 해서, 일반적 원칙에 의한 것이라 해서, 그럴싸한 추리에 의한 것이라 해서, 곰곰이 궁리해낸 견해이기에 그것에 대해 갖게 되는 편견 때문에, 다른 사람의 그럴듯한 능력 때문에, 혹은 '이 사문은 우리의 스승이시다.'라는 생각 때문에, 그대로 따르지는 말라. 그대 까알라아마인들이여, 스스로 '이들은 좋지 않은 것이고, 이들은 비난받을 일이며, 이들은 지혜로운 이들에게 책망 받을 일이고, 이들이 행해져 그대로 가면 해롭고 괴롭게 된다.'는 것을 알았을 때, 그것들을 버리도록 하라."

탐욕, 분노, 어리석음

5. "어떻게 생각하는가, 까알라아마인들이여. 사람의 마음속에 탐욕이 일어나면 그것이 그에게 이롭겠는가,

해롭겠는가?"

"해롭습니다. 존자시여!"

"까알라아마인들이여, 이 사람은 탐욕에 빠져 정신이 그에 압도되고 정복되었기에 생명체를 죽이고, 주어지지 않은 것을 갖고, 남의 여자에게로 가고, 거짓을 말하게 된다. 또, 다른 사람마저 그렇게 만들고 만다. 이런 사람에게는 해로움과 괴로움이 오래가지 않겠는가?"

"그렇습니다. 존자시여!"

6. "어떻게 생각하는가, 까알라아마인들이여. 사람의 마음속에 분노가 일어나면 그것이 그에게 이롭겠는가, 해롭겠는가?"

"해롭습니다. 존자시여!"

"까알라아마인들이여, 이 사람은 분노에 빠져 정신이 그에 압도되고 정복되었기에 생명체를 죽이고, 주어지지 않은 것을 갖고, 남의 여자에게로 가고, 거짓을 말하게 된다. 또, 다른 사람마저 그렇게 만들고 만다. 이런 사람에게는 해로움과 괴로움이 오래가지 않겠는가?"

"그렇습니다. 존자시여!"

7. "어떻게 생각하는가, 까알라아마인들이여. 사람의 마음속에 어리석음이 일어나면 그것이 그에게 이롭겠는가, 해롭겠는가?"

"해롭습니다. 존자시여!"

"까알라아마인들이여, 이 사람은 어리석음에 빠져 정신이 그에 압도되고 정복되었기에 생명체를 죽이고, 주어지지 않은 것을 갖고, 남의 여자에게로 가고, 거짓을 말하게 된다. 또, 다른 사람마저 그렇게 만들고 만다. 이런 사람에게는 해로움과 괴로움이 오래가지 않겠는가?"

"그렇습니다. 존자시여!"

8. "어떻게 생각하는가, 까알라아마인들이여. 이들은 좋은 것인가, 좋지 않은 것인가?"

"좋지 않은 것입니다. 존자시여!"

"비난받을 일인가, 그렇지 않을 일인가?"

"비난받을 일입니다. 존자시여!"

"지혜로운 이들에 의해 책망 받을 일인가, 칭찬받을 일인가?"

"책망 받을 일입니다. 존자시여!"

"행해져 그대로 가면 해롭고 괴롭게 되는가, 아닌가? 그대들의 생각은 어떠한가?"

"존자시여, 행해져 그대로 가면 해롭고 괴롭게 됩니다. 우리에게는 그렇게 생각됩니다."

9. "까알라아마인들이여, 그러므로 우리는 이렇게 말했던 것이다. 거듭 들어서 얻어진 지식이라 해서, 전통이 그러하다고 해서, 소문에 그렇다고 해서, 성전에 쓰여 있다고 해서, 추측이 그렇다고 해서, 일반적 원칙에 의한 것이라 해서, 그럴싸한 추리에 의한 것이라 해서, 곰곰이 궁리해낸 견해이기에 그것에 대해 갖게 되는 편견 때문에, 다른 사람의 그럴듯한 능력 때문에, 혹은 '이 사문은 우리의 스승이시다.'라는 생각 때문에, 그대로 따르지는 말라. 그대 까알라아마인들이여, 스스로 '이들은 좋지 않은 것이고, 이들은

비난받을 것이고, 이들은 지혜로운 이들에 의해 책망 받을 일이고, 이들이 행해져 그대로 가면 해롭고 괴로워진다.'는 것을 알았을 때 그대 까알라아마인들이여, 그것들을 버리도록 하라."

받아들이는 기준

10. "그대 까알라아마인들이여, 거듭 들어서 얻어진 지식이라 해서, 전통이 그러하다고 해서, 소문에 그렇다고 해서, 성전에 쓰여 있다고 해서, 추측이 그렇다고 해서, 일반적 원칙에 의한 것이라 해서, 그럴싸한 추리에 의한 것이라 해서, 곰곰이 궁리해낸 견해이기에 그것에 대해 갖게 되는 편견 때문에, 다른 사람의 그럴듯한 능력 때문에, 혹은 '이 사문은 우리의 스승이시다.'라는 생각 때문에, 그대로 따르지는 말라. 그대 까알라아마인들이여, 스스로 '이들은 좋은 것이고, 이들은 비난받지 않을 것이고, 이들은 지혜로운 이들에 의해 칭찬받을 일이고, 이들이 행해져 그대로 가면 이롭고 행복해진다.'는 것을 알

았을 때 그대 까알라아마인들이여, 그대로 받아들여 살도록 하라."

탐욕, 분노, 어리석음이 없음

11. "어떻게 생각하는가, 까알라아마인들이여. 사람의 마음속에 탐욕이 일어나지 않으면 그것이 그에게 이롭겠는가, 해롭겠는가?"

"이롭습니다. 존자시여!"

"까알라아마인들이여, 이 사람은 탐욕에 빠지지 않고 정신이 그에 압도되거나 정복되지 않아서 생명체를 죽이지 않고, 주어지지 않은 것은 갖지 않으며, 남의 여자에게로 가지 않고, 거짓을 말하지 않는다. 또, 다른 사람마저 그렇게 인도한다. 이런 사람에게는 이로움과 행복이 오래가지 않겠는가?"

"그렇습니다. 존자시여!"

12. "어떻게 생각하는가, 까알라아마인들이여. 사람의 마음속에 분노가 일어나지 않으면 그것이 그에게

이롭겠는가, 해롭겠는가?"

"이롭습니다. 존자시여!"

"까알라아마인들이여, 이 사람은 분노에 빠지지 않고, 정신이 그에 압도되거나 정복되지 않아서 생명체를 죽이지 않고, 주어지지 않은 것을 갖지 않으며, 남의 여자에게로 가지 않고, 거짓을 말하지 않는다. 또, 다른 사람마저 그렇게 인도한다. 이런 사람에게는 이로움과 행복이 오래가지 않겠는가?"

"그렇습니다. 존자시여!"

13. "어떻게 생각하는가, 까알라아마인들이여. 사람의 마음속에 어리석음이 일어나지 않으면 그것이 그에게 이롭겠는가, 해롭겠는가?"

"이롭습니다. 존자시여!"

"까알라아마인들이여, 이 사람은 어리석음에 빠지지 않고, 정신이 그에 압도되거나 정복되지 않아서 생명체를 죽이지 않고, 주어지지 않은 것을 갖지 않으며, 남의 여자에게로 가지 않고, 거짓을 말하지 않는다. 또, 다른 사람마저 그렇게 인도한다. 이런 사람에게는 이로움과 행복이 오래가지 않겠는가?"

"그렇습니다. 존자시여!"

14. "어떻게 생각하는가, 까알라아마인들이여. 이들은 좋은 것인가, 좋지 않은 것인가?"

"좋은 것입니다. 존자시여!"

"비난받을 일인가, 그렇지 않을 일인가?"

"비난받지 않을 일입니다. 존자시여!"

"지혜로운 이들에 의해 책망 받을 일인가, 칭찬받을 일인가?"

"칭찬받을 일입니다. 존자시여!"

"행해져 그대로 가면 이롭고 행복해지는가, 아닌가? 그대들의 생각은 어떠한가?"

"존자시여, 행해져 그대로 가면 이롭고 행복해집니다. 우리에게는 그렇게 생각됩니다."

15. "까알라아마인들이여, 그러므로 우리는 이렇게 말했던 것이다. 거듭 들어서 얻어진 지식이라 해서, 전통이 그러하다고 해서, 소문에 그렇다고 해서, 성전

에 쓰여 있다고 해서, 추측이 그렇다고 해서, 일반적 원칙에 의한 것이라 해서, 그럴싸한 추리에 의한 것이라 해서, 곰곰이 궁리해낸 견해이기에 그것에 대해 갖게 되는 편견 때문에, 다른 사람의 그럴듯한 능력 때문에, 혹은 '이 사문은 우리의 스승이시다.'라는 생각 때문에, 그대로 따르지는 말라. 그대 까알라아마인들이여, 스스로 '이들은 좋은 것이고, 이들은 비난받지 않을 일이고, 이들은 지혜로운 이들에 의해 칭찬받을 일이고, 이들이 행해져 그대로 가면 이롭고 행복해진다.'는 것을 알았을 때, 그대 까알라아마인들이여, 그대로 받아들여 살도록 하라."

네 가지 고귀한 삶

16. "까알라아마인들이여, 이와 같이 탐욕을 여의고 분노를 여의고 또 어리석음을 벗어나 올바로 알고 깨어 있는 그런 성스러운 제자는 자애의 마음[慈]으로 세상의 한 방향을 가득 채우고 산다. 이와 같이 두 번째 방향을, 이와 같이 세 번째 방향을, 이와 같이 네

번째 방향을 가득 채우고 산다. 이와 같이 위로 아래로 옆으로 모든 곳에서, 분노나 원한이 없이 위대하고 고귀한 한량없는 자애의 마음으로 이 세상 곳곳을 가득 채우고 산다. 거기에는 온갖 중생들이 살고 있기에."[6]

"까알라아마인들이여, 이와 같이 탐욕을 여의고 분노를 여의고 또 어리석음을 벗어나 올바로 알고 깨어 있는 그런 성스러운 제자는 더불어 아파하는 마음[悲]으로 세상의 한 방향을 가득 채우고 산다. 이와 같이 두 번째 방향을, 이와 같이 세 번째 방향을, 이와 같이 네 번째 방향을 가득 채우고 산다. 이와 같이 위로 아래로 옆으로 모든 곳에서, 분노나 원한이 없이 위대하고 고귀한 한량없는 더불어 아파하는 마음으로 이 세상 곳곳을 가득 채우고 산다. 거기에는 온갖 중생들이 살고 있기에."

---

6 보리수잎·여섯 《불교의 명상》 중 부록 〈자애경〉과 보리수잎·다섯 《거룩한 마음가짐-사무량심》, 〈고요한소리〉 참조.

"까알라아마인들이여, 이와 같이 탐욕을 여의고 분노를 여의고 또 어리석음을 벗어나 올바로 알고 깨어 있는 성스러운 제자는 함께 기뻐하는 마음[喜]으로 세상의 한 방향을 가득 채우고 산다. 이와 같이 두 번째 방향을, 이와 같이 세 번째 방향을, 이와 같이 네 번째 방향을 가득 채우고 산다. 이와 같이 위로 아래로 옆으로 모든 곳에서, 분노나 원한이 없이 위대하고 고귀한 한량없는 함께 기뻐하는 마음으로 이 세상 곳곳을 가득 채우고 산다. 거기에는 온갖 중생들이 살고 있기에."

"까알라아마인들이여, 이와 같이 탐욕을 여의고 분노를 여의고 또 어리석음을 벗어나 올바로 알고 깨어 있는 그런 성스러운 제자는 평온한 마음[捨]으로 세상의 한 방향을 가득 채우고 산다. 이와 같이 두 번째 방향을, 이와 같이 세 번째 방향을, 이와 같이 네 번째 방향을 가득 채우고 산다. 이와 같이 위로 아래로 옆으로 모든 곳에서, 분노나 원한이 없이 위대하고 고귀한 한량없는 평온한 마음으로 이 세상 곳곳을 가득 채우고 산다. 거기에는 온갖 중생들이 살고 있기에."

네 가지 안식安息

17. "까알라아마인들이여, 이 성스러운 제자에게는 이와 같이 증오가 없고 원한이 없으며 티 없이 청정한 마음을 가져서 바로 지금·여기[7]의 삶에서 네 가지 안식이 얻어진다.

'가령 내생이 있고 선악의 행위에 대한 과보가 있다고 하자. 그렇다면 죽은 후 육신이 흩어졌을 때, 나는 지복을 누리는 선도善道, 즉 천상세계에 태어날 수 있을 것이다.' 이것이 그가 얻는 첫 번째 안식이다.

---

7 지금·여기: 넓은 뜻으로는 먼 하늘나라의 신이나, 과거의 전통 또는 미래의 생에서 삶의 가치의 기준을 구하지 않고, 현재 이곳에서의 자신의 행위와 그 인과적 의미에서 오로지 전 진리성을 찾는 불교의 독특한 입장을 집약하며, 또 협의로는 실 수행 면에서 과거의 추억이나 미래의 기대 등 일체의 군더더기를 배제하고 오로지 현재 이 순간에 전념하고자 하는 정념 공부의 특성을 지칭하는 용어로 경에서 자주 쓰임. 영어로는 'here and now'

'가령 내생이 없고 선악의 행위에 대한 과보가 없다고 하자. 그렇다 해도 지금·여기 바로 이 세상에서 증오와 원한을 여의고 나는 스스로를 안전하고 행복하게 지킨다.' 이것이 그가 얻는 두 번째 안식이다.

'가령 악행을 한 사람은 악한 과보를 받는다고 하자. 그러나 나는 그 누구에게도 악행을 할 생각을 품지 않았으니, 악행을 하지 않은 나에게 어찌 괴로움이 미칠쏘냐.' 이것이 그가 얻는 세 번째 안식이다.

'가령 악행을 한 사람이 악한 과보를 받지 않는다고 하자. 그렇다 해도 나는 어떤 경우라도 스스로 청정해졌음을 안다.' 이것이 그가 얻는 네 번째 안식이다.

까알라아마인들이여, 이 성스러운 제자에게는 이와 같이 증오가 없고 원한이 없으며 티없이 청정한 마음을 가져서 바로 지금·여기의 삶에서 네 가지 안식이 얻어진다."

"그렇습니다. 세존이시여! 그렇습니다. 잘 가신 이[善逝]여! 존자시여, 그 성스러운 제자에게는 그와 같이 증오가 없고 원한이 없으며 티 없이 청정한 마음을 가져서 바로 지금·여기의 삶에서 네 가지 안식이 얻어집니다.

'가령 내생이 있고 선악의 행위에 대한 과보가 있다고 하자. 그렇다면 죽은 후 육신이 흩어졌을 때, 나는 지복을 누리는 선도, 즉 천상세계에 태어날 수 있을 것이다.' 이것이 그가 얻는 첫 번째 안식입니다.

'가령 내생이 없고 선악의 행위에 대한 과보가 없다고 하자. 그렇다 해도 지금·여기 바로 이 세상에서 증오와 원한을 여의고 나는 스스로를 안전하고 행복하게 지킨다.' 이것이 그가 얻는 두 번째 안식입니다.

'가령 악행을 한 사람은 악한 과보를 받는다고 하자. 그러나 나는 그 누구에게도 악행을 할 생각을 품지 않았으니, 악행을 하지 않은 나에게 어찌 괴로움이 미칠쏘냐.' 이것이 그가 얻는 세 번째 안식입니다.

'가령 악행을 한 사람이 악한 과보를 받지 않는다고 하자. 그렇다고 해도 나는 어떤 경우라도 스스로 청정해졌음을 안다.' 이것이 그가 얻는 네 번째 안식입니다.

존자시여, 그 성스러운 제자에게는 그와 같이 증오가 없고 원한이 없으며 티 없이 청정한 마음을 가져서 바로 지금·여기의 삶에서 네 가지 안식이 얻어집니다."

"훌륭하십니다. 존자시여, 훌륭하십니다. 존자시여!"

"존자시여, 거꾸로 된 것을 바로 놓는 것과 같이, 가려진 것을 드러내는 것과 같이, 길 잃은 이에게 길을 가리키는 것과 같이, 어두운 곳에 등불을 가져와 '눈 있는 자는 사물을 보라'는 것과 같이, 이렇게 세존께서는 여러 가지 방법으로 설하셨습니다. 존자시여, 여기 우리는 부처님께 귀의하고 가르침에 귀의하며 또 비구 승단에 귀의합니다. 존자시여, 오늘부터 당신을 생명의 귀의처로 삼은 우리를 부디 제자로 받아주소서!"

《증지부》 3법집 65경

KĀLĀMA SUTTA

- The Buddha's Charter of Free Inquiry -

PREFACE

The instruction to the Kālāmas (Kālāma Sutta) is justly famous for its encouragement of free inquiry; the spirit of the sutta signifies a teaching that is exempt from fanaticism, bigotry, dogmatism, and intolerance.

The reasonableness of the *Dhamma*, the Buddha's teaching, is chiefly evident in its welcoming careful examination at all stages of the path to enlightenment. Indeed the whole course of training for wisdom culminating in the purity of the consummate one (the arhat) is intimately bound up with examination and analysis of things internal: the eye and visible objects, the ear and sounds, the nose and smells, the tongue and tastes, the body and tactile impressions, the mind and ideas.

Thus since all phenomena have to be correctly understood in the field of the Dhamma, insight is operative throughout. In this sutta it is active in rejecting the bad and adopting the good way; in the extracts given below in clarifying the basis of knowledge of conditionality and arhatship. Here it may be mentioned that the methods of examination found in the Kālāma Sutta and in the extracts cited here, have sprung from the knowledge of things as they are and that the tenor of these methods are implied in all straight thinking. Further, as penetration and comprehension, the constituents of wisdom are the result of such thinking, the place of critical examination and analysis in the development of right vision is obvious. Where is the wisdom or vision that can descend, all of a sudden, untouched and uninfluenced by critical thought?

The Kālāma Sutta, which sets forth the principles

that should be followed by a seeker of truth, and which contains a standard things are judged by, belongs to a framework of the Dhamma; the four solaces taught in the sutta point out the extent to which the Buddha permits suspense of judgment in matters beyond normal cognition. The solaces show that the reason for a virtuous life does not necessarily depend on belief in rebirth or retribution, but on mental well-being acquired through the overcoming of greed, hate, and delusion.

More than fifty years ago, Moncure D. Conway, the author of My Pilgrimage to the Wise Men of the East, visited Colombo. He was a friend of Ponnambalam Ramanathan (then Solicitor General of Ceylon), and together with him Conway went to the Vidyodaya Pirivena to learn something of the Buddha's teaching from Hikkaduve Siri Sumangala Nāyaka Thera, the founder of the institution. The Nāyaka Thera explained to them the principles contained in the Kālāma Sutta and at the end of the conversation Ramanathan whispered to Conway: "Is it not strange that you and I, who come from far different religions and regions, should together listen to a sermon from the Buddha in favour of that free thought, that independence of traditional and fashionable doctrines, which is still the vital principle of human development?" - Conway: "Yes, and we with the (Kālāma) princes pronounce his doctrines good."

SUPPLEMENTARY TEXTS

"Friend Savittha, apart form faith, apart from liking, apart from what has been acquired by repeated hearing, apart form specious reasoning, and from a bias towards a notion that has been pondered over, I see this, 'Decay and death are due to birth'"

[Saṃyuttanikāya, Nidānavagga, Mahāvagga, Sutta No. 8]

"Here a bhikkhu, having seen an object with the eye, knows when greed, hate, and delusion are within, 'Greed, hate, and delusion are in me'; he knows when greed, hate, and delusion are not within,

'Greed, hate, and delusion are not in me.' Bhikkhus, have these things to be experienced through faith, liking, what has been acquired by repeated hearing, specious reasoning, or a bias towards a notion that has been pondered over?" - "No, venerable sir." - "Bhikkhus, this even is the way by which a bhikkhu, apart from faith, liking, what has been acquired by repeated hearing, specious reasoning, or a bias towards a notion that has been pondered over, declares realisation of knowledge thus: I know that birth has been exhausted, the celibate life has been lived, what must be done, has been done and there is no more of this to come."

[Saṃyuttanikāya, Salāyatanavagga,
Navapūraṇavagga, Sutta No.8]

THE INSTRUCTION TO THE KĀLĀMAS

The Kālāmas of Kesaputta go to see the Buddha

1. I heard thus. Once the Blessed One, while wandering in the Kosala country with a large

community of bhikkhus, entered a town of the Kālāma people called Kesaputta. The Kālāmas who were inhabitants of Kesaputta heard: "Reverend Gotama, the monk, the son of the Sākiyans, has, while wandering in the Kosala country, entered Kesaputta. The good repute of the Reverend Gotama has been spread in this way: Indeed, the Blessed One is thus consummate, fully enlightened, endowed with knowledge and practice, sublime, knower of the worlds, peerless, guide of tameable men, teacher of divine and human beings, enlightened, blessed. He makes known this world with its beings, its māras and its brahmas, and the group of creatures, with its monks and brahmins, and its divine and human beings, which he by himself has through direct knowledge understood clearly. He sets forth the Dhamma, good in the beginning, good in the middle, good in the end, possessed of meaning and the letter, and complete in everything; and he proclaims the holy life that is perfectly pure. Seeing such consummate ones is good indeed."

2. Then the Kālāmas who were inhabitants of Kesaputta went to where the Blessed One was. On arriving there some paid homage to him and sat down on one side; some exchanged greetings with him and after the ending of cordial memorable talk, sat down on one side; some saluted him raising their joined palms and sat down on one side; some announced their name and family and sat down on one side; some without speaking, sat down on one side.

The Kālāmas of Kesaputta ask for guidance from Buddha

3. The Kālāmas who were inhabitants of Kesaputta sitting on one side said to the Blessed One: "There are some monks and brahmins, venerable sir, who visit Kesaputta. They expound and explain only their own doctrines; the doctrines of others they despise, revile, and pull to pieces. Some other monks and brahmins too, venerable sir, come to Kesaputta. They also expound and explain only

their own doctrines; the doctrines of others they despise, revile, and pull to pieces. Venerable sir, there is doubt, there is uncertainty in us concerning them. Which of these reverend monks and brahmins spoke the truth and which falsehood?"

The criterion for rejection

4. It is proper for you, Kālāmas, to doubt, to be uncertain; uncertainty has arisen in you about what is doubtful. Come, Kālāmas. Do not go upon what has been acquired by repeated hearing; nor upon tradition; nor upon rumour; nor upon what is in a scripture; nor upon surmise; nor upon an axiom; nor upon specious reasoning; nor upon a bias towards a notion that has been pondered over; nor upon another's seeming ability; nor upon the consideration, 'The monk is our teacher.' Kālāmas, when you yourselves know: 'These things are bad; these things are blameable; these things are censured by the wise; undertaken and observed, these things lead to harm and ill,' abandon them.

Greed, hate, and delusion

5. “What do you think, Kālāmas? Does greed appear in a man for his benefit or harm?” - “For his harm, venerable sir.” - “Kālāmas, being given to greed, and being overwhelmed and vanquished mentally by greed, this man takes life, steals, commits adultery, and tells lies; he prompts another too, to do likewise. Will that be conducive for his harm and ill for a long time?” - “Yes, venerable sir.”

6. “What do you think, Kālāmas? Does hate appear in a man for his benefit or harm?” - “For his harm, venerable sir.” - “Kālāmas, being given to hate, and being overwhelmed and vanquished mentally by hate, this man takes life, steals, commits adultery, and tells lies; he prompts another too, to do likewise. Will that be conducive for his harm and ill for a long time?” - “Yes, venerable sir.”

7. “What do you think, Kālāmas? Does delusion appear in a man for his benefit or harm?” - “For

his harm, venerable sir." - "Kālāmas, being given to delusion, and being overwhelmed and vanquished mentally by delusion, this man takes life, steals, commits adultery, and tells lies; he prompts another too, to do likewise. Will that be conducive for his harm and ill for a long time?" - "Yes, venerable sir."

8. "What do you think, Kālāmas? Are these things good or bad?" - "Bad, venerable sir" - "Blameable or not blameable?" - "Blameable, venerable sir." -"Censured or praised by the wise?" - "Censured, venerable sir." - "Undertaken and observed, do these things lead to harm and ill, or not? Or how does it strike you?" - "Undertaken and observed, these things lead to harm and ill. Thus it strikes us here."

9. "Therefore, did we say, Kālāmas, what was said thus, 'Come Kālāmas. Do not go upon what has been acquired by repeated hearing; nor upon tradition; nor upon rumour; nor upon what is in a

scripture; nor upon surmise; nor upon an axiom; nor upon specious reasoning; nor upon a bias towards a notion that has been pondered over; nor upon another's seeming ability; nor upon the consideration, "The monk is our teacher." Kālāmas, when you yourselves know: "These things are bad; these things are blameable; these things are censured by the wise; undertaken and observed, these things lead to harm and ill," abandon them.'

The criterion for acceptance

10. Come, Kālāmas. Do not go upon what has been acquired by repeated hearing; nor upon tradition; nor upon rumour; nor upon what is in a scripture; nor upon surmise; nor upon an axiom; nor upon specious reasoning; nor upon a bias towards a notion that has been pondered over; nor upon another's seeming ability; nor upon the consideration, 'The monk is our teacher.' Kālāmas, when you yourselves know: 'These things are

good; these things are not blameable; these things are praised by the wise; undertaken and observed, these things lead to benefit and happiness,' enter on and abide in them.

Absence of greed, hate, and delusion

11. "What do you think, Kālāmas? Does absence of greed appear in a man for his benefit or harm?" - "For his benefit, venerable sir." - "Kālāmas, being not given to greed, and being not overwhelmed and not vanquished mentally by greed, this man does not take life, does not steal, does not commit adultery, and does not tell lies; he prompts another too, to do likewise. Will that be conducive for his benefit and happiness for a long time?" - "Yes, venerable sir."

12. "What do you think, Kālāmas? Does absence of hate appear in a man for his benefit or harm?" - "For his benefit, venerable sir." - "Kālāmas, being not given to hate, and being not overwhelmed

and not vanquished mentally by hate, this man does not take life, does not steal, does not commit adultery, and does not tell lies; he prompts another too, to do likewise. Will that be conducive for his benefit and happiness for a long time?" - "Yes, venerable sir."

13. "What do you think, Kālāmas? Does absence of delusion appear in a man for his benefit or harm?" - "For his benefit, venerable sir." - "Kālāmas, being not given to delusion, and being not overwhelmed and not vanquished mentally by delusion, this man does not take life, does not steal, does not commit adultery, and does not tell lies; he prompts another too, to do likewise. Will that be conducive for his benefit and happiness for a long time?" - "Yes, venerable sir."

14. "What do you think, Kālāmas? Are these things good or bad?" - "Good, venerable sir." - "Blameable or not blameable?" - "Not blameable, venerable sir." - "Censured or praised by the

wise?" - "Praised, venerable sir." -"Undertaken and observed, do these things lead to benefit and happiness, or not? Or how does it strike you?" - "Undertaken and observed, these things lead to benefit and happiness. Thus it strikes us here."

15. Therefore, indeed, did we say, Kālāmas, what was said thus, 'Come Kālāmas. Do not go upon what has been acquired by repeated hearing; nor upon tradition; nor upon rumour; nor upon what is in a scripture; nor upon surmise; nor upon an axiom; nor upon specious reasoning; nor upon a bias towards a notion that has been pondered over; nor upon another's seeming ability; nor upon the consideration, "The monk is our teacher." Kālāmas, when you yourselves know: "These things are good; these things are not blameable; these things are praised by the wise; undertaken and observed, these things lead to benefit and happiness," enter on and abide in them.'

The Four Exalted Dwellings

16. The disciple of the Noble Ones, Kālāmas, who in this way is devoid of coveting, devoid of ill will, undeluded, clearly comprehending and mindful, dwells, having pervaded, with the thought of amity one quarter; likewise the second; likewise the third; likewise the fourth; so above, below, and across; he dwells, having pervaded because of the existence in it of all living beings, everywhere, the entire world, with the great, exalted, boundless thought of amity that is free of hate or malice.

He lives, having pervaded with the thought of compassion one quarter; likewise the second; likewise the third; likewise the fourth; so above, below, and across; he dwells, having pervaded because of the existence in it of all living beings, everywhere, the entire world, with the great, exalted, boundless thought of compassion that is free of hate or malice.

He lives, having pervaded with the thought of gladness one quarter; likewise the second; likewise the third; likewise the fourth; so above, below, and across; he dwells, having pervaded because of the existence in it of all living beings, everywhere, the entire world, with the great, exalted, boundless thought of gladness that is free of hate or malice.

He lives, having pervaded with the thought of equanimity one quarter; likewise the second; likewise the third; likewise the fourth; so above, below, and across; he dwells, having pervaded because of the existence in it of all living beings, everywhere, the entire world, with the great, exalted, boundless thought of equanimity that is free of hate or malice.

The Four Solaces

17. The disciple of the Noble Ones, Kālāmas, who has such a hate-free mind, such a malice-free mind,

such an undefiled mind, and such a purified mind, is one by whom four solaces are found here and now.

'Suppose there is a hereafter and there is a fruit, result, of deeds done well or ill. Then it is possible that at the dissolution of the body after death, I shall arise in the heavenly world, which is possessed of the state of bliss.' This is the first solace found by him.

'Suppose there is no hereafter and there is no fruit, no result, of deeds done well or ill. Yet in this world, here and now, free from hatred, free from malice, safe and sound, and happy, I keep myself.' This is the second solace found by him.

'Suppose evil (results) befall an evil-doer. I, however, think of doing evil to none. Then, how can ill (results) affect me who do no evil deed?' This is the third solace found by him.

'Suppose evil (results) do not befall an evil-doer. Then I see myself purified in any case.' This is the fourth solace found by him.

The disciple of the Noble Ones, Kālāmas, who has such a hate-free mind, such a malice-free mind, such an undefiled mind, and such a purified mind, is one by whom, here and now, these four solaces are found.

So it is, Blessed One. So it is, Sublime One. The disciple of the Noble Ones, venerable sir, who has such a hate-free mind, such a malice-free mind, such an undefiled mind, and such a purified mind, is one by whom, here and now, four solaces are found.

'Suppose there is a hereafter and there is a fruit, result, of deeds done well or ill. Then it is possible that at the dissolution of the body after death, I shall arise in the heavenly world, which is possessed of the state of bliss.' This is the first solace found by him.

'Suppose there is no hereafter and there is no fruit, no result, of deeds done well or ill. Yet in this world, here and now, free from hatred, free from malice, safe and sound, and happy, I keep myself.' This is the second solace found by him.

'Suppose evil (results) befall an evil-doer. I, however, think of doing evil to none. Then, how can ill (results) affect me who do no evil deed?' This is the third solace found by him.

'Suppose evil (results) do not befall an evil-doer. Then I see myself purified in any case.' This is the fourth solace found by him.

The disciple of the Noble Ones, venerable sir, who has such a hate-free mind, such a malice-free mind, such an undefiled mind, and such a purified mind, is one by whom, here and now, these four solaces are found.

Marvellous, venerable sir! Marvellous, venerable sir! As if, venerable sir, a person were to turn face upwards what is upside down, or to uncover the concealed, or to point the way to one who is lost or to carry a lamp in the darkness thinking, 'Those who have eyes will see visible objects,' so has the Dhamma been set forth in many ways by the Blessed One. We, venerable sir, go to the Blessed One for refuge, to the Dhamma for refuge, and to the Community of Bhikkhus for refuge. Venerable sir, may the Blessed One regard us as followers who have gone for refuge for life, from today.

[Aṅguttara Nikāya, Tika Nipāta,
Mahāvagga, Sutta No.65]

KĀLĀMA SUTTA

1. Evaṃ me sutaṃ. Ekaṃ samayaṃ Bhagavā Kosalesu cārikaṃ caramāno mahatā bhikkhusaṅghena saddhiṃ yena Kesaputtaṃ nāma Kālāmānaṃ nigamo tad avasari. Assosuṃ kho Kesaputtiyā Kālāmā samaṇo khalu bho Gotamo Sakyaputto Sakyakulā pabbajito Kesaputtaṃ anuppatto. Taṃ kho pana Bhagavantaṃ Gotamaṃ evaṃ kalyāṇo kittisaddo abbhuggato - iti pi so Bhagavā arahaṃ sammāsambuddho vijjācaraṇasampanno sugato lokavidū anuttaro purisadammasārathī satthā devamanussānaṃ Buddho Bhagavā. So imaṃ lokaṃ sadevakaṃ samārakaṃ sabrahmakaṃ sassamaṇabrāhmaṇiṃ pajaṃ sadevamanussaṃ sayaṃ abhiññā sacchikatvā pavedeti, so dhammaṃ deseti ādikalyāṇaṃ majjhekalyāṇaṃ pariyosānakalyāṇaṃ sātthaṃ sabyañjanaṃ kevalaparipuṇṇaṃ parisuddhaṃ brahmacariyaṃ

pakāseti. Sādhu kho pana tathārūpānaṃ arahataṃ dassanaṃ hotī ti.

Atha kho Kesaputtiyā Kālāmā yena Bhagavā ten'upasaṅkamiṃsu. Upasaṅkamitvā appekacce Bhagavantaṃ abhivādetvā ekamantaṃ nisīdiṃsu, appekacce Bhagavatā saddhiṃ sammodiṃsu, sammodanīyaṃ kathaṃ sārāṇīyaṃ vītisāretvā ekamantaṃ nisīdiṃsu, appekacce yena Bhagavā ten'añjaliṃ paṇāmetvā ekamantaṃ nisīdiṃsu, appekacce nāmagottaṃ sāvetvā ekamantaṃ nisīdiṃsu, appekacce tuṇhībhūtā ekamantaṃ nisīdiṃsu. Ekamantaṃ nisinnā kho Kesaputtiyā Kālāmā Bhagavantaṃ etad avocuṃ : -

2. Santi bhante eke samaṇabrāhmaṇā Kesaputtaṃ āgacchanti. Te sakaṃ yeva vādaṃ dīpenti jotenti, paravādaṃ pana khuṃsenti vambhenti paribhavanti opapakkhiṃ karonti. Apare pi bhante eke samaṇabrāhmaṇā Kesaputtaṃ āgacchanti. Te pi sakaṃ yeva vādaṃ dīpenti jotenti paravādaṃ pana khuṃsenti vambhenti paribhavanti opapakkhiṃ karonti. Tesaṃ no

bhante amhākaṃ hot'eva kaṅkhā hoti vicikicchā - ko si nāma imesaṃ bhavantānaṃ samaṇānaṃ saccaṃ āha, ko musā ti?

3. Alaṃ hi vo Kālāmā kaṅkhituṃ alaṃ vicikicchituṃ. Kaṅkhanīye va pana vo ṭhāne vicikicchā uppannā. Etha tumhe Kālāmā mā anussavena mā paramparāya mā itikirāya mā piṭakasampadānena mā takkahetu mā nayahetu mā ākāraparivitakkena mā diṭṭhinijjhānakkhantiyā mā bhavyarūpatāya mā samaṇo no garū ti, yadā tumhe Kālāmā attanā va jāneyyātha - ime dhammā akusalā ime dhammā sāvajjā ime dhammā viññūgarahitā ime dhammā samattā samādinnā ahitāya dukkhāya saṃvattantī ti - atha tumhe Kālāmā pajaheyyātha.

4. Taṃ kim maññatha Kālāmā - lobho purisassa ajjhattaṃ uppajjamāno uppajjati hitāya vā ahitāya vā ti? Ahitāya bhante.
Luddho panāyaṃ Kālāmā purisapuggalo lobhena abhibhūto pariyādinnacitto pāṇam pi hanti adinnam pi ādiyati paradāram pi gacchati musā

pi bhaṇati param pi tathattāya samādapeti yaṃ 'sa hoti dīgharattaṃ ahitāya dukkhāyā ti. Evaṃ bhante.

5. Taṃ kim maññatha Kālāmā - doso purisassa ajjhattaṃ uppajjamāno uppajjati hitāya vā ahitāya vā ti? Ahitāya bhante.
Duṭṭho panāyaṃ Kālāmā purisapuggalo dosena abhibhūto pariyādinnacitto pāṇam pi hanti adinnam pi ādiyati paradāram pi gacchati musā pi bhaṇati param pi tathattāya samādapeti yaṃ 'sa hoti dīgharattaṃ ahitāya dukkhāyā ti. Evaṃ bhante.

6. Taṃ kim maññatha Kālāmā - moho purisassa ajjhattaṃ uppajjamāno uppajjati hitāya vā ahitāya vā ti. Ahitāya bhante.
Mūḷho panāyaṃ Kālāmā purisapuggalo mohena abhibhūto pariyādinnacitto pāṇam pi hanti adinnam pi ādiyati paradāram pi gacchati musā pi bhaṇati param pi tathattāya samādapeti yaṃ 'sa hoti dīgharattaṃ ahitāya dukkhāyā ti. Evaṃ bhante.

7. Taṃ kim maññatha Kālāmā - ime dhammā kusalā vā akusalā vā ti? Akusalā bhante. Sāvajjā vā anavajjā vā ti? Sāvajjā bhante. Viññūgarahitā vā viññuppasatthā vā ti? Viññūgarahitā bhante. Samattā samādinnā ahitāya dukkhāya saṃvattanti no vā kathaṃ vā ettha hotī ti? Samattā bhante samādinnā ahitāya dukkhāya saṃvattanti evaṃ no ettha hotī ti.

8. Iti kho Kālāmā yaṃ taṃ avocumha. - Etha tumhe Kālāmā mā anussavena mā paramparāya mā itikirāya mā piṭakasampadānena mā takkahetu mā nayahetu mā ākāraparivitakkena mā diṭṭhinijjhānakkhantiyā mā bhavyarūpatāya mā samaṇo no garū ti, yadā tumhe Kālāmā attanā va jāneyyātha - ime dhammā akusalā ime dhammā sāvajjā ime dhammā viññūgarahitā ime dhammā samattā samādinnā ahitāya dukkhāya saṃvattantī ti - atha tumhe Kālāmā pajaheyyāthā ti - iti yaṃ taṃ vuttaṃ idam etaṃ paṭicca vuttaṃ.

9. Etha tumhe Kālāmā mā anussavena mā paramparāya mā itikirāya mā piṭakasampadānena, mā takkahetu, mā nayahetu, mā ākāraparivitakkena, mā diṭṭhinijjhānakkhantiyā, mā bhavyarūpatāya, mā samaṇo no garū ti, yadā tumhe Kālāmā attanā va jāneyyātha - ime dhammā kusalā ime dhammā anavajjā ime dhammā viññuppasatthā ime dhammā samattā samādinnā hitāya sukhāya saṃvattantī ti - atha tumhe Kālāmā upasampajja vihareyyātha.

10. Taṃ kim maññatha Kālāmā - alobho purisassa ajjhattaṃ uppajjamāno uppajjati hitāya vā ahitāya vā ti?
Hitāya bhante,
Aluddho panāyaṃ Kālāmā purisapuggalo lobhena anabhibhūto apariyādinnacitto n'eva pāṇaṃ hanti na adinnaṃ ādiyati na paradāraṃ gacchati na musā bhaṇati param pi tathattāya samādapeti yaṃ'sa hoti dīgharattaṃ hitāya sukhāyā ti?
Evaṃ bhante ti.

11. Taṃ kim maññatha Kālāmā - adoso purisassa ajjhattaṃ uppajjamāno uppajjati hitāya vā ahitāya vā ti?
Hitāya bhante.
Aduṭṭho panāyaṃ Kālāmā purisapuggalo dosena anabhibhūto apariyādinnacitto n'eva pāṇaṃ hanti na adinnaṃ ādiyati, na paradāraṃ gacchati na musā bhaṇati param pi tathattāya samādapeti yaṃ'sa hoti dīgharattaṃ hitāya sukhāyā ti.
Evaṃ bhante ti.

12. Taṃ kim maññatha Kālāmā - amoho purisassa ajjhattaṃ uppajjamāno uppajjati hitāya vā ahitāya vā ti?
Hitāya bhante.
Amūḷho panāyaṃ Kālāmā purisapuggalo mohena anabhibhūto apariyādinnacitto n'eva pāṇaṃ hanti na adinnaṃ ādiyati na paradāraṃ gacchati na musā bhaṇati param pi tathattāya samādapeti yaṃ 'sa hoti dīgharattaṃ hitāya sukhāyā ti?
Evaṃ bhante.

13. Taṃ kim maññatha Kālāmā - ime dhammā kusalā vā akusalā vā ti? Kusalā bhante. Sāvajjā vā anavajjā vā ti? Anavajjā bhante. Viññūgarahitā vā viññuppasatthā vā ti? Viññūppasatthā bhante. Samattā samādinnā sukhāya saṃvattanti, no vā kathaṃ vā ettha hotī ti? Samattā bhante samādinnā hitāya sukhāya saṃvattanti evaṃ no ettha hotī ti.

14. Iti kho Kālāmā yaṃ taṃ avocumha - etha tumhe Kālāmā mā anussavena mā paramparāya mā itikirāya mā piṭakasampadānena mā takkahetu mā nayahetu mā ākāraparivitakkena mā diṭṭhinijjhānakkhantiyā mā bhavyarūpatāya mā samaṇo no garū ti, yadā tumhe Kālāmā attanā va jāneyyātha - ime dhammā kusalā ime dhammā anavajjā ime dhammā viññūppasatthā ime dhammā samattā samādinnā hitāya sukhāya saṃvattantī ti - atha tumhe Kālāmā upasampajja vihareyyāthā ti - iti yan taṃ vuttaṃ idam etaṃ paṭicca vuttaṃ.

15. Sa kho so Kālāmā ariyasāvako evaṃ vigatābhijjho vigatāvyāpādo asammūḷho sampajāno patissato mettāsahagatena cetasā ekaṃ disaṃ pharitvā viharati tathā dutiyaṃ tathā tatiyaṃ tathā catutthiṃ Iti uddham adho tiriyaṃ sabbadhi sabbattatāya sabbāvantaṃ lokaṃ mettāsahagatena cetasā vipulena mahaggatena appamāṇena averena avyāpajjhena pharitvā viharati. Karuṇāsahagatena cetasā ekaṃ disaṃ pharitvā viharati. tathā dutiyaṃ tathā tatiyaṃ tathā catutthiṃ Iti uddham adho tiriyaṃ sabbadhi sabbattatāya sabbāvantaṃ lokaṃ karuṇāsahagatena cetasā vipulena mahaggatena appamāṇena averena avyāpajjhena pharitvā viharati. Muditāsahagatena cetasā ekaṃ disaṃ pharitvā viharati tathā dutiyaṃ tathā tatiyaṃ tathā catutthiṃ Iti uddham adho tiriyaṃ sabbadhi sabbattatāya sabbāvantaṃ lokaṃ muditāsahagatena cetasā vipulena mahaggatena appamāṇena averena avyāpajjhena pharitvā viharati. Upekkhāsahagatena cetasā ekaṃ disaṃ pharitvā viharati tathā dutiyaṃ tathā

tatiyaṃ tathā catutthiṃ. Iti uddham adho tiriyaṃ sabbadhi sabbattatāya sabbāvantaṃ lokaṃ upekkhāsahagatena cetasā vipulena mahaggatena appamāṇena averena avyāpajjhena pharitvā viharati. Sa kho so Kālāmā ariyasāvako evaṃ averacitto evaṃ avyāpajjhacitto evaṃ asaṅkiliṭṭhacitto evaṃ visuddhacitto, tassa diṭṭh'eva dhamme cattāro assāsā adhigatā honti.

16. Sace kho pana atthi paraloko atthi sukaṭadukkaṭānaṃ kammānaṃ phalaṃ vipāko ṭhānam ahaṃ kāyassa bhedā param maraṇā sugatiṃ saggaṃ lokaṃ upapajjissāmī ti. Ayam assa paṭhamo assāso adhigato hoti. Sace kho pana n'atthi paraloko n'atthi sukaṭadukkaṭānaṃ kammānaṃ phalaṃ vipāko idhāhaṃ diṭṭh'eva dhamme averaṃ avyāpajjhaṃ anīghaṃ sukhiṃ attānaṃ pariharāmī ti. Ayam assa dutiyo assāso adhigato hoti. Sace kho pana karoto karīyati pāpaṃ na kho panāhaṃ kassaci pāpaṃ cetemi, akarontaṃ kho pana maṃ pāpaṃ kammaṃ kuto dukkhaṃ phusissatī ti. Ayam assa tatiyo assāso

adhigato hoti. Sace kho pana karoto na karīyati pāpaṃ idhāhaṃ ubhayen'eva visuddhaṃ attānaṃ samanupassāmī ti. Ayam assa catuttho assāso adhigato hoti.

Sa kho so ariyasāvako Kālāmā evaṃ averacitto evaṃ avyāpajjhacitto evaṃ asaṅkiliṭṭhacitto evaṃ visuddhacitto tassa diṭṭh'eva dhamme ime cattāro assāsā adhigatā hontī ti.

17. Evam etaṃ Bhagavā, evam etaṃ Sugata. Sa kho so bhante ariyasāvako evaṃ averacitto evaṃ avyāpajjhacitto evaṃ asaṅkiliṭṭhacitto evaṃ visuddhacitto tassa diṭṭh'eva dhamme cattāro assāsā adhigatā honti. Sace kho pana atthi paraloko atthi sukaṭadukkaṭānaṃ kammānaṃ phalaṃ vipāko ṭhānam ahaṃ kāyassa bhedā param maraṇā sugatiṃ saggaṃ lokaṃ upapajjissāmī ti. Ayam assa paṭhamo assāso adhigato hoti. Sace kho pana n'atthi paraloko n'atthi sukaṭadukkaṭānaṃ kammānaṃ phalaṃ vipāko idhāhaṃ diṭṭh'eva dhamme averaṃ avyāpajjhaṃ anīghaṃ sukhiṃ attānaṃ

pariharāmī ti. Ayam assa dutiyo assāso adhigato hoti. Sace kho pana karoto karīyati pāpaṃ na kho panāhaṃ kassaci pāpaṃ cetemi, akarontaṃ kho pana maṃ pāpaṃ kammaṃ kuto dukkhaṃ phusissatī ti. Ayam assa tatiyo assāso adhigato hoti. Sace kho pana karoto na karīyati pāpaṃ idhāhaṃ ubhayen'eva visuddhaṃ attānaṃ samanupassāmī ti. Ayam assa catuttho assāso adhigato hoti. Sa kho so bhante ariyasāvako evaṃ averacitto evaṃ avyāpajjhacitto evaṃ asaṅkiliṭṭhacitto evaṃ visuddhacitto tassa diṭṭh'eva dhamme ime cattāro assāsā adhigatā hontī ti.

Abhikkantaṃ bhante abhikkantaṃ bhante, Gotama, seyyathāpi bhante nikkujjitaṃ vā ukkujjeyya, paṭicchannaṃ vā vivareyya, mūḷhassa vā maggaṃ ācikkheyya, andhakāre vā telapajjotaṃ dhāreyya, cakkhumanto rūpāni dakkhintīti. Evam evaṃ bhotā Gotamena anekapariyāyena dhammo pakāsito. Ete mayaṃ bhante Bhagavantaṃ saraṇaṃ gacchāma, dhammañca bhikkhusaṅghañca. Upāsake no bhante Bhagavā dhāretu ajjatagge pāṇupete saraṇaṃ gate ti.

저자 소개

소마 스님 *Soma Thera* (1898~1960)

20세기 중반 스리랑카를 중심으로 일어난 불법 중흥운동의 주역급 가운데 한 사람. 1898년 콜롬보의 가톨릭 집안에 태어난 그는 10대 후반에 불법을 접하고 곧 콜롬보 재가 신자계에서 두각을 드러내기 시작했다. 1935년 일본을 방문, 한문본《해탈의 길 *Vimuttimagga*》을 영역英譯하는 일에 참여했다가 다음해 미얀마에서 도반 케민다 테라Kheminda Thera와 더불어 득도했다. 1937년에 스리랑카에 돌아와 1960년 입적하기까지 불법 전수자로서 저술, 강연, 포교에 전력했으며, 인도, 중국, 독일 등지에서 불법 포교에 힘썼다.

저서

The Way of Mindfulness: *Satipatthana Sutta and Its Commentary*

Kālāma Sutta: *The Buddha's Charter of Free Inquiry* (WH No. 8)

The Removal of Distracting Thoughts《중부》20경 번역(WH No. 21)

The Contribution of Buddhism to World Culture (WH No. 44)

Faith in the Buddha's Teaching (WH No. 262) 외 다수.

〈고요한소리〉는

- 붓다의 불교, 붓다 당신의 불교를 발굴, 궁구, 실천, 선양하는 것을 목적으로 설립되었습니다.

- 〈고요한소리〉 회주 활성스님의 법문을 '소리' 문고로 엮어 발행하고 있습니다.

- 1987년 창립 이래 스리랑카의 불자출판협회BPS에서 간행한 훌륭한 불서 및 논문들을 국내에 번역 소개하고 있습니다.

- 이 작은 책자는 근본불교를 중심으로 불교철학·심리학·수행법 등 실생활과 연관된 다양한 분야의 문제를 다루는 연간물連刊物입니다. 이 책들은 실천불교의 진수로서, 불법을 가깝게 하려는 분이나 좀 더 깊이 수행해보고자 하는 분에게 많은 도움이 될 것입니다.

- 이 책의 출판 비용은 뜻을 같이하는 회원들이 보내주시는 회비로 충당되며, 판매 비용은 전액 빠알리 경전의 역경과 그 준비 사업을 위한 기금으로 적립됩니다. 출판 비용과 기금 조성에 도움 주신 회원님들께 감사드리며 〈고요한소리〉 모임에 새로이 동참하실 회원을 기다리고 있습니다.

- 〈고요한소리〉 책은 고요한소리 유튜브(https://www.youtube.com/c/고요한소리)와 리디북스RIDIBOOKS를 통해 들으실 수 있습니다.

- 카카오톡 채널(https://pf.kakao.com/_XIvCK)을 친구 등록 하시면 고요한편지 등 〈고요한소리〉의 다양한 소식을 받으실 수 있습니다.

- 〈고요한소리〉 홈페이지 안내
  - 한글 : http://www.calmvoice.org/
  - 영문 : http://www.calmvoice.org/eng/

◦ 〈고요한소리〉 회원으로 가입하시려면 이름, 전화번호, 우편물 받을 주소, e-mail 주소를 〈고요한소리〉 서울 사무실에 알려주십시오. (전화: 02-739-6328, 02-725-3408)

◦ 회원에게는 〈고요한소리〉에서 출간하는 도서를 보내드리고, 법회나 모임·행사 등 활동 소식을 전해드립니다.

◦ 회비, 후원금, 책값 등을 보내실 계좌는 아래와 같습니다.

국민은행	006-01-0689-346
우리은행	004-007718-01-001
농협	032-01-175056
우체국	010579-01-002831
예금주	**(사)고요한소리**

마음을 맑게 하는 〈고요한소리〉 도서

금구의 말씀 시리즈

하나	염신경念身經
둘	초전법륜경初轉法輪經

소리 시리즈

하나	지식과 지혜
둘	소리 빗질, 마음 빗질
셋	불교의 시작과 끝, 사성제 - 四聖諦의 짜임새
넷	지금·여기 챙기기
다섯	연기법으로 짓는 복 농사
여섯	참선과 중도
일곱	참선과 팔정도
여덟	중도, 이 시대의 길
아홉	오계와 팔정도
열	과학과 불법의 융합
열하나	부처님 생애 이야기
열둘	진·선·미와 탐·진·치
열셋	우리 시대의 삼보三寶
열넷	시간관과 현대의 고苦 - 시간관이 다르면 고苦의 질도 다르다
열다섯	담마와 아비담마 - 종교 얘기를 곁들여서
열여섯	인도 여행으로 본 계·정·혜
열일곱	일상생활과 불교공부

열여덟	의意를 가진 존재, 사람 - 불교의 인간관
열아홉	바른 견해란 무엇인가 - 정견正見
스물	활성 스님, 이 시대 불교를 말하다
스물하나	빠알리 경, 우리의 의지처
스물둘	윤회고輪廻苦를 벗는 길 - 어느 49재 법문
스물셋	윤리와 도덕 / 코로나 사태를 어떻게 볼 것인가
스물넷	산냐[想]에서 빤냐般若로 - 범부의 세계에서 지혜의 세계로
스물다섯	상카아라行와 담마法 - 부처님 가르침의 두 축
스물여섯	팔정도八正道 다시 보기

법륜 시리즈

하나	부처님, 그분 - 생애와 가르침
둘	구도의 마음, 자유 - 까알라아마경
셋	다르마빨라 - 불교중흥의 기수
넷	존재의 세 가지 속성 - 삼법인(무상·고·무아)
다섯	한 발은 풍진 속에 둔 채 - 현대인을 위한 불교의 가르침
여섯	옛 이야기 - 빠알리 주석서에서 모음
일곱	마음, 과연 무엇인가 - 불교의 심리학적 측면
여덟	자비관
아홉	다섯 가지 장애와 그 극복 방법
열	보시
열하나	죽음은 두려운 것인가
열둘	염수경 - 상응부 느낌편

열셋	우리는 어떤 과정을 통하여 다시 태어나는가 - 재생에 대한 아비담마적 해석
열넷	사아리뿟따 이야기
열다섯	불교의 초석, 사성제
열여섯	칠각지
열일곱	불교 - 과학시대의 종교
열여덟	팔정도
열아홉	마아라의 편지
스물	생태위기 - 그 해법에 대한 불교적 모색
스물하나	미래를 직시하며
스물둘	연기緣起
스물셋	불교와 기독교 - 긍정적 접근
스물넷	마음챙김의 힘

보리수잎 시리즈

하나	영원한 올챙이
둘	마음 길들이기
셋	세상에 무거운 짐, 삼독심
넷	새 시대인가, 말세인가 / 인과와 도덕적 책임
다섯	거룩한 마음가짐 - 사무량심
여섯	불교의 명상
일곱	미래의 종교, 불교
여덟	불교 이해의 정正과 사邪
아홉	관법 수행의 첫 걸음
열	업에서 헤어나는 길

열하나	띳사 스님과의 대화
열둘	어린이들에게 불교를 어떻게 가르칠 것인가 (절판)
열셋	불교와 과학 / 불교의 매력
열넷	물소를 닮는 마음
열다섯	참 고향은 어디인가
열여섯	무아의 명상
열일곱	수행자의 길
열여덟	현대인과 불교명상
열아홉	자유의 맛
스물	삶을 대하는 태도들
스물하나	업과 윤회
스물둘	성지 순례의 길에서
스물셋	두려움과 슬픔을 느낄 때
스물넷	정근精勤
스물다섯	큰 합리주의
스물여섯	오계와 현대사회
스물일곱	경전에 나오는 비유담 몇 토막
스물여덟	불교 이해의 첫 걸음 / 불교와 대중
스물아홉	이 시대의 중도
서른	고苦에 어떻게 대응할 것인가
서른하나	빈 강변에서 홀로 부처를 만나다
서른둘	병상의 당신에게 감로수를 드립니다
서른셋	해탈의 이정표
서른넷	명상의 열매 / 마음챙김과 알아차림
서른다섯	불자의 참모습

서른여섯	사후세계의 갈림길
서른일곱	왜 불교인가
서른여덟	참된 길동무
서른아홉	스스로 만든 감옥
마흔	행선의 효험
마흔하나	동서양의 윤회관
마흔둘	부처님이 세운 법의 도시 - 밀린다왕문경 제5장
마흔셋	슬픔의 뒤안길에서 만나는 기쁨
마흔넷	출가의 길
마흔다섯	불교와 합리주의
마흔여섯	학문의 세계와 윤회
마흔일곱	부처님의 실용적 가르침
마흔여덟	법의 도전 / 재가불자를 위한 이정표
마흔아홉	원숭이 덫 이야기
쉰	불제자의 칠보七寶

붓다의 고귀한 길 따라 시리즈

하나	불법의 대들보, 마음챙김 *sati*

단행본

하나	붓다의 말씀
둘	붓다의 일생

This translation was possible
by the courtesy of the Buddhist Publication Society
54, Sangharaja Mawatha P.O. BOX61
Kandy, SriLanka

법륜 · 둘

구도의 마음, 자유

까알라아마경

초판 1쇄 발행 1988년 8월 10일
3판 2쇄 발행 2023년 12월 26일

지은이 소마 스님
옮긴이 현음 스님
펴낸이 하주락·변영섭
펴낸곳 (사)고요한소리

등록번호 제1-879호 1989. 2. 18.
주소 서울시 종로구 인사동길 47-5 (우 03145)
연락처 전화 02-739-6328 팩스 02-723-9804
부산지부 051-513-6650 대구지부 053-755-6035
대전지부 042-488-1689 광주지부 02-725-3408
홈페이지 www.calmvoice.org
이메일 calmvs@hanmail.net
ISBN 978-89-85186-12-4

값 1,000원